लम्हे

मेरे एहसास

Saloni Gupta

BookLeaf Publishing
India | USA | UK

Made with ❤ on the BookLeaf Publishing Platform
www.bookleafpub.in
www.bookleafpub.com

Dedication

गुरुदेव रवींद्रनाथ टैगोर के चरणों में,
जिनकी कविताओं ने मुझे हृदय से सोचना
और शब्दों से सृजन करना सिखाया।
आपकी प्रेरणा ने मेरे भीतर के भावों को
अभिव्यक्ति का साहस दिया।

Preface

मेरे प्रिय पाठकों,

"**लम्हे: मेरे एहसास**" के माध्यम से मैं आप सबका हार्दिक स्वागत करती हूँ। यह कविता संग्रह मेरे जीवन के विविध पलों का एक दर्पण है, जिसमें मैंने अपने मन के अनकहे भावों को शब्दों का रूप दिया है। जीवन कभी एकरस नहीं रहता। सुख-दुख, हास-परिहास, मिलन-बिछोह के बीच हमारा अस्तित्व निरंतर गतिशील रहता है। इन्हीं क्षणिक लम्हों में छिपी है जीवन की वास्तविक सुंदरता, जिसे मैंने अपनी कविताओं के माध्यम से उकेरने का प्रयास किया है। कभी मीठे, कभी कड़वे अनुभवों से गुजरते हुए मैंने जो महसूस किया, वही इन पंक्तियों में समाया है।

रवींद्रनाथ टैगोर की रचनाओं से प्रेरित होकर मैंने भी अपने भीतर के भावों को अभिव्यक्ति देने का साहस जुटाया। उनकी तरह, मैंने भी अनुभव किया कि कविता केवल शब्दों का खेल नहीं, बल्कि आत्मा की आवाज है, जो अपने सहज रूप में बहती है और पाठक के हृदय को छूती है।

इस संग्रह में जीवन के विभिन्न रंगों को समेटने का प्रयास किया गया है - प्रेम की मधुरता, वियोग की पीड़ा, बचपन की निर्मलता, प्रकृति की रमणीयता, और आत्म-चिंतन के क्षण। मेरी कोशिश रही है कि इन कविताओं के माध्यम से पाठक अपने अनुभवों को पहचान सकें और उनसे एक भावनात्मक जुड़ाव महसूस करें।

"लम्हे: मेरे एहसास" मेरी पहली कविता संग्रह है, इसलिए इसमें कमियाँ स्वाभाविक हैं। फिर भी, मुझे विश्वास है कि मेरे शब्दों की सच्चाई आपके दिल तक पहुँचेगी। आपकी प्रतिक्रियाएँ और सुझाव

मेरे लेखन को निखारने में सहायक होंगे, जिनका मैं हमेशा स्वागत करूँगी।

आशा करती हूँ, इन कविताओं के माध्यम से हम एक-दूसरे के जीवन के लम्हों और एहसासों से परिचित हो सकेंगे और एक साझा अनुभूति के धागे में बंध सकेंगे।

आपकी,
सलोनी गुप्ता

Acknowledgements

कविता की इस यात्रा में मेरा साथ देने वाले सभी लोगों का हृदय से आभार व्यक्त करना चाहती हूँ।

सबसे पहले मैं अपने जीवनसाथी का विशेष आभार प्रकट करती हूँ, जिनके निरंतर प्रोत्साहन और समर्थन ने मुझे हर कदम पर प्रेरित किया। आपकी धैर्यपूर्ण सुनवाई और उपयोगी सुझावों ने मेरी रचनात्मकता को नई ऊंचाइयाँ दीं। यह संग्रह आपके बिना संभव नहीं था।

मेरे प्रिय भाइयों, सचिन और तनुज को धन्यवाद, जिन्होंने मेरी कविताओं को सबसे पहले सुना और अपनी ईमानदार राय दी। तुम्हारा साथ और विश्वास मेरी सबसे बड़ी ताकत रहा है।

मेरे गुरु संघर्षी सर को हार्दिक कृतज्ञता, जिन्होंने मुझे हिंदी साहित्य की बारीकियाँ समझाईं और मेरी रचनात्मक क्षमता को पहचाना। आपके मार्गदर्शन ने मुझे कविता के मार्ग पर आगे बढ़ने का साहस दिया।

विश्व भर में फैले हिंदी साहित्य प्रेमियों का तहे दिल से शुक्रिया, जिनके प्यार और प्रोत्साहन ने मुझे लिखते रहने की प्रेरणा दी। आप सभी के बिना हिंदी कविता का यह सफर अधूरा होता।

अंत में, मेरे पाठकों को धन्यवाद, जो मेरे शब्दों और भावों के साथ अपने समय और हृदय का एक हिस्सा बाँटेंगे। आशा है, इन पंक्तियों में आपको अपने जीवन की कुछ झलकियाँ मिलेंगी।

1. आत्मनिर्भर

सुन स्वाभिमानी,
ना कर कोई नादानी
ना हो किसी पर निर्भर
तू बन आत्मनिर्भर।

सब्र को गले लगा
मुश्किलों से आगे बढ़
चूम ले वो राह
जो हो आत्मनिर्भर॥

मान बढ़ा अपना
सम्मान बढ़ा अपना,
कूच कर मैदान में
तू दाम बढ़ा अपना
चूम ले वह रहा
जो हो आत्मनिर्भर॥

ना हो कोई शिकन
ना ही रुके कदम
बस लगे ऐसी लगन

ना तू कभी थके
चूम ले वो राह
जो हो आत्मनिर्भर॥

छोड़ धोखे का दामन
लिख तू ख़ुद कोई कहानी
गूँजे हर एक दिशा
कर अपनी मनमानी
पर ना कोई बेईमानी
चूम ले वो राह
जो हो आत्मनिर्भर॥

ए बंदे...
चूम ले वो राह
जो हो आत्मनिर्भर॥

2. मेरी दुनिया

अजब हसरतें हैं मेरी तुमसे जुड़ी
जिंदगी, जिंदगी सी लग रही है अब।
इरादे, ख्वाहिशें, खुशियां जैसे सब बेतरतीब थे सब
तूने आकर संवार दी है मेरी दुनिया।
कहीं ख्यालों में गुम थे खोए से कहीं
तूने आवाज दी है मुझको
कैसे करूं तेरा शुक्रिया।
लगा था कभी एक टूटा हुआ फूल हूं
मुरझाया सा बेजान सा
शबनम सा आया कोई
और खिल गईं सारी कलियां।
कि अब तो शरारतें भी उनसे,
शिकायतें भी
नाराजगी भी उनसे और ठिठोली भी,
कुछ और नहीं है वो
बस मैं उनकी और वो मेरी दुनिया॥

3. बंदिश

बंदिशें, कभी यहां - कभी वहां
लगे जैसे ज़ंजीरों में कैद
सफर ज़िंदगी का
आज यहां तो कल कहां
गुमनाम से कुछ रास्तों पर
चलता जाए मुसाफिर
फिर भी....
हमराह सा कोई मिले
और सध जाए ये जहां।
कभी अच्छी भी है, सीख देती हुई
कभी सच्ची भी है,
पर कठिन डगर
कोई फिसला कभी कोई चलता रहा।
आंख नम हो कभी
जैसे सब हो रुका
हाथ से हाथ जोड़े हुए
चले जाएं पर रास्ता हो थका
उम्र कच्ची मगर पक गए कायदे
जैसा जब वक्त था

वह सभी कुछ सहा
बंदिशें, कभी यहां - कभी वहां॥

4. संघर्ष

जीवन संघर्ष,
अहसास है कहानी है
अपनी है, बेगानी है
पर सबकी एक जुबानी है।

झिलमिल तारों से सपने
पिरोता जा पिरोता जा
आशाओं के सागर से
तू एक एक मोती चुनता जा।

रिमझिम रिमझिम सावन में
तू हरी वेल सा बढ़ता जा
तू खिलता जा, तू मिलता जा
तू पग पग मखमल करता जा।

घुप्प अंधेरा कोहरा छाए
कड़ी ठंड और सांस न आए
तू बनके सूरज की किरणों सा
कोहरे को धूमिल करता जा
तू बढ़ता जा

तू बढ़ता जा
संघर्षों की गाथा गढ़ता जा।

5. तोहफा

माना, कि तूने जो तोहफा दिया है मुझे ए जिंदगी
देर से ही पर बेमिसाल दिया है।

बहुत रूठी, रोई और झगड़ी मैं जिसे पाने को
तूने वह शख्स कमाल का दिया है।

वह हंसी है मेरी
जान भी है
नाम है मेरा उससे पहचान भी है

मेरे दिल का सुकून
सांसों की जरूरत सी है
और क्या कहूं, क्या बयां करूं
ए जिंदगी ,
तूने मुझे वह एक खुशनुमा ख्याल दिया है
देर से ही सही पर बेमिसाल दिया है
बेमिसाल दिया है...
तूने वह शख्स कमाल का दिया है।

6. बात निकली है

बात निकली है तो दूर तक जाएगी
खामोशी, जैसे एक पल में टूट जाएगी।

बिखरेंगे सिमटेंगे
एक दूजे के साए में
जिंदगी को जीने खुशनुमा सुबह आएगी
बात निकली है तो दूर तक जाएगी

गिरते संभलते, भटकते - भटकते
किस्मत से लड़ते उलझते - उलझते
जिंदगी खुद को आजमाएगी
बात निकली है तो दूर तक जाएगी

शाखों से गिरते पत्ते
नई कली बनने को बेचैन
एक नई सुबह बनने को
ये कलियां भी खिल जाएंगी
क्योंकि...
बात निकली है तो दूर तक जाएगी
बात निकली है तो दूर तक जाएगी।

7. सब तय है

समय का खेल अजब निराला
कब किसको किस फेर में डाला
अजब गजब ये समय के किस्से
आए कब क्या किसके हिस्से।

किसी का आना किसी का जाना
जीवन का यह सत्य है
रोक सको तो रोक के देखो
नियति में सब कुछ तय है।

की तय है सब कुछ जान के भी
सब दौड़े दौड़े फिरते हैं
अपनी अपनी करते हैं फिर
औंधे मुंह भी गिरते हैं।

पहचान सको गर सत्य को तो
उसकी खोज में निकलो
समय के रहते जाग सको तो
आंख खोलकर उछलो।

आए कहीं से एक किरण
फिर छूटी बाजी जीतो
मन रखो कुछ समय का भी
कि सब तय है ये भी सीखो
कि सब तय है ये भी सीखो।

8. बीत जाने दो

मैने कहा कि बीत जाने दो
हां मैने कहा कि बीत जाने दो
ये रात जो भारी है
बेमानी मन की सारी है
बहक जाते है जिसमें सब
वो रात बीत जाने दो।

ये जो मौसम के इशारे हैं
पल भर के खेल सारे हैं
खो जाओ जी लो इनको
बस लम्हों को बीत जाने दो।

बन जा साथी, मित्र, सखा
कुछ भी नहीं किसी नाम में रखा
बाती बनकर दीपक सी
बस अंधियारे को बीत जाने दो।

बेवजह तकरार न कर
बस कपटी मन सा प्यार न कर
लहरों सी धारा मन में हो

फिर बहते दरिया सा बीत जाने दो
हां मैने कहा कि बीत जाने दो
हां मैने कहा कि बीत जाने दो।

9. अहसास

अहसास - कच्चे धागे से
अहसास - दिया संग बाती से
अहसास - पतंग के धागे से
अहसास - रात को जागे से।

अहसास - सीप में मोती से
अहसास - ओस की बूंदों से
अहसास - मधुर संगीत में
अहसास - दिलों की जीत में।

अहसास - प्रबल परिंदों से
अहसास - जटिल कुछ फंदों से
अहसास - शाम की लाली में
अहसास - खेत हरियाली में।

अहसास - जगाए रातों में
अहसास - सताए वादों में
अहसास - बनाए रिश्तों में
प्यारी सी मीठी सी एक धुन।

अहसास - समंदर से गहरे
अहसास - कहां तक हैं ठहरे
अहसास - जगाए तन - मन में
गहरे से ठहरे कुछ पहरे
अहसास ये कच्चे धागे से
अहसास दिया संग बाती से।

10. दूरी

बिता के देखो, कुछ दिन,
महीने या साल
कट तो जायेंगे
पर काटे न जाएंगे ।

कर लो गुफ्तगू कितने ही लोगों से
पर मेरे लफ्ज़ भुलाए न जाएंगे।

तन्हाई सी भीड़ में होगी
खुद को अकेला पाओगे
अहसास जो मेरा है
बोलो कहां से लाओगे।

बहुत हसीन है दुनिया
कई लोग भी मिलेंगे मगर
जो वक्त गुजारा साथ मेरे
भुला भी नहीं पाओगे ।

बिता के देखो कुछ दिन, महीने, साल
कट तो जायेंगे पर काटे नहीं जायेगे ।

11. जिंदगी

उलझनों की भीड़ में
लापता है जिंदगी
बातों के शोर में
शांत है जिंदगी
समंदर की लहरों में
गहराई सी जिंदगी
तपती ज़मीं पर
रिमझिम फुहारों सी जिंदगी
बदलते मौसम पतझड़ में
आती बहारों सी जिंदगी
लंबी एक चुप्पी के बाद
आई किलकारी सी जिंदगी
भर उठे घर आंगन
ऐसे नज़ारों सी जिंदगी
घुप्प अंधेरी रातों में
सितारों सी जिंदगी
और तेज चांदनी रात मे
ठंडे अहसास सी जिंदगी ।

12. गलतफहमियां

झूठे होते हैं ख्वाब
और अधूरी रहती हैं कुछ ख्वाहिशें
फिर भी
जिंदा रहने के लिए
कुछ गलतफहमियां भी जरूरी हैं।

आती नहीं खुशबू
कागज के फूलों से मगर
सजाते हैं, रखते हैं
घर के किसी कोने में
क्योंकि वादियों में होने की
गलतफहमियां भी जरूरी हैं।

उम्मीद लगा चलते हैं
रिश्ते भी बिखरते हैं
गांठ लगा उनको दोबारा जोड़ लेते हैं
क्योंकि मोह के धागों की
गलतफहमियां भी जरूरी हैं।

थोड़ा बहुत कमा रखा है

जिंदगी कट जाएगी ये सोचकर
फिक्र को जहन में बसा रखा है
अपनों का साथ मिलेगा
ये गलतफहमियां भी जरूरी हैं
क्योंकि
जिंदा रहने के लिए कुछ गलतफहमियां भी जरूरी हैं।

13. शब्द

शब्द शब्द को पूर्ण है करते
शब्द एक चिंगारी है
छोटे छोटे फूल मगर
ये उपवन फुलबारी है।

कभी हो विचलित
कभी शांत
कभी धधकता शोला है
धरती से अम्बर तक फैला
ये माया का गोला है।

कभी अर्थ को पूरा करते
कभी अनर्थ कर देते है
सोच समझकर उपयोग करो
ये सब कुछ धूमिल कर देते है।

काम बिगाड़े, काम बनाए
मीठा-तीखा स्वाद बताए
माला जैसे मोती की हो
सुगंध पुष्प सी आए

एक एक शब्द का खेल निराला
पग पग व्यवहार सजाए।

14. मन

मन - परिंदा
उड़ा जा रहा मस्त गगन में
छोड़ के सारी बाधाओं को
तोड़ के सारी व्याधाओं को
उड़ता जाता उड़ता जाता
बस अपने मन की करता जाता।

चलता जाता मीलों दूर
कभी शोर में गुम हो जाता
चलता जाता मीलों दूर
कभी शांति में चिल्लाता
कभी डगमग सा चंचल सा
कभी शरारती बालक सा
कभी उछलता तेजी से
कुछ नई योजना बतलाता।

ये दिखलाता मन के पन्नों पर
लिखी हुई कोई कहानी सी
यह बतलाता गहराई को
गहरे सागर सी परछाई

एक एक पल जैसे कोई परिंदा
अपनी गति को है दिखलाता
मन उसी भांति है चलता
चलता अपनी दशा को बिखराता।

15. बेअसर

मुझे फ़र्क़ नहीं पड़ता
किसी की झूठी बात से
किसी के झूठे साथ से
किसी दिखावे के हाथ से
हमदर्दी वाली मुलाक़ात से
हाँ, मुझे फ़र्क़ नहीं पड़ता।

मुझे फ़र्क़ नहीं पड़ता
किसी के बेख़बर होने से
किसी के बेसबर होने से
अचानक चले जाने से
झूठ बेअसर होने से
हाँ, मुझे फ़र्क़ नहीं पड़ता।

यूं तो किससे हैं जीवन के
सभी के अपने अपने अनुभव हैं
पर सीख भी है छिपी हुई
कहानी में कई सबब भी हैं।

मुझे फर्क नहीं पड़ता

ये बोलकर जो चले जाते हैं
कितने वादे तोड़कर
जीवन में आगे बढ़ जाते हैं
रह जाते है कुछ घाव पीछे
जो कभी नासूर बन जाते हैं
चुभते हैं कांटो से ख्वाबों में आकर
और इस तरह सालों बीत जाते हैं,
पर सच है कि फ़र्क़ नहीं पड़ता
हाँ मुझे फ़र्क़ नहीं पड़ता।

16. साथी

वो मुझे मेरी किस्मत में ही नहीं
मेरे हर लम्हे में चाहिए...
सिर्फ अल्फ़ाज़ में ही नहीं
हर जज्बात में चाहिए
भले ही सारी दुनिया की नजर
हो उस पर
पर उसकी नजर में सिर्फ "हम" होने चाहिए
कि मुझे वो मेरी किस्मत में ही नहीं
मेरे हर लम्हे में चाहिए।

वक्त बदले, हालात बदले, रूप बदले या तन
आते जाते मौसम चाहे हो कैसा भी मन
मैं हूं, वह हो और हो अपनापन
जिंदगी के हर मोड़ पर
बस साथ उसका चाहिए
कि मुझे वो मेरी किस्मत में ही नहीं
मेरे हर एक लम्हे में चाहिए
मेरे हर एक लम्हे में चाहिए।

17. बचपन

बड़ा याद आता है
बचपन वाला अपना गांव
वो खेल के मैदान
और बरगद की छांव
वो खेत और खलिहान
जहां चले नंगे पांव
टोलियों के खेल जैसे
खो - खो और ताश
जीते या हारे जहां लगे खूब दांव
बड़ा याद आता है
बचपन वाला अपना गांव।

खेले सब साथ
मनाई खूब होली
गुझिया और पकवान
संग की खूब ठिठोली
रंग भरे रिश्ते , थे जैसे हमजोली
' नबाब ' का दौर
वो साथियों की टोली
फाल्गुन के गीत और मीठी सी बोली

बड़ा याद आता है
बचपन वाला अपना गांव।

18. भक्ति

कभी थको, रुको या जी भर जाए
सांस लगे रुकी और
आंख भर आए
सारे रस्ते लगें ओझल
मंजिल का पता न हो
चल तो रहे हो
पर क़दमों का निशान न हो।

घुप्प अंधेरा और उदासी भर जाए,
बैठना, याद करना प्रभु को प्रणाम करना
अपने मन का हर हाल बोल देना
भक्ति में जैसे कुछ शक्ति मिलेगी
कृपा होगी कुछ ऐसी
कुछ राह नजर आएगी
जल्द मंजिल भी मिलेगी
सारे रस्ते मिलेंगे
बिगड़े काम भी बनेंगे
मेहनत भी रंग लाएगी
किस्मत जैसे धानी चूनर ओढ़कर आएगी
कि क्लेश भी कम होने लगेगे

पीड़ा भी छू मंतर हो जाएगी
रख बंदे थोड़ा सब्र
ये प्रभु कृपा है,
जल्द ही अच्छी खबर भी आएगी
जल्द ही अच्छी खबर भी आएगी।

लोग देंगे मिसाल तेरे काम की
जग में होगी कहानी तेरे नाम की
जो खोया उससे ज्यादा पाएगा
तेरे जीवन की रौनक फिर लौट आएगी
महकेगी बगिया डाली डाली गुनगुनाएगी
जल्द ही अच्छी खबर आएगी।

19. मिलन

छोड़ कर जाना किसी और घर
रौनकें लगाना, सजाना और बनाना
एक नई रीत।

कुछ भरोसा बनाना, अपनापन निभाना,
सहेजना वहां की रीत।

महक उठे बगिया, घर आंगन
ऐसे फूल खिले कि
खिलखिलाए जहां सारा
मानों सबके मन का मीत।

करके शामिल सारे रिश्तों को
बांध एक डोरी चुपके से
गाना या गुनगुनाना
कुछ नए मधुर मिलन गीत।

प्यारा होगा वो, थामा जिसका हाथ
ऐसी आशा की डोर बांध
छोड़ सारे भ्रम, बना अपना मनमीत।

यही तो है परीक्षा सारी
तेरे घर की आन
संभाले या बिगाड़े
निभाए और करे सम्मान
जीवन भर सहेजना
यही होगी असल जीत
यही होगी असल जीत ।

20. दिल की चाहत

तू इश्क है,
दुआ है,
या मरहम है कोई...
पर जो भी है
इस दिल की राहत है।

जब तू इश्क है,
तो घुला हुआ इन सांसों में
जब तू दुआ है,
तो उठे हुए इन हाथों में
और जब मरहम है,
तो धड़कन की सौगातों में।
तू इश्क है
दुआ है
या मरहम है कोई...
पर जो भी है
इस दिल की राहत है।

इश्क जुनून
दुआ सुकून, और मरहम...

बस तुझे देखूं, तुझे सुनूं
ये दीवानगी है या तेरा नशा मालूम नहीं
पर जो भी है
इस दिल की राहत है।

21. पिता

मां का दूजा रूप पिता
मां का प्रेम तो अजर - अमर है
पर कठिन तपस्या करे पिता।

मां जब ठंडी हवा सी है
उसके पीछे का सुकून पिता।

मां का आंचल सारा दिन
पर रात का साया साथ पिता।

थककर आता काम से वह
और गले लगाता सबको पिता।

मां की ममता फुलबारी सी
पर चट्टान बनाता है पिता।

मां सिखलाती संस्कार
जीवन में राह दिखाता है पिता।

मां से सजता घर आंगन

और हर रंग के पीछे छिपा पिता।

मां से घर की रौनक सारी
हर त्यौहार में साथ पिता।

उन्नति करे कहीं भी बच्चा
गर्व दिखाता है पिता।

और मां का प्रेम तो अजर - अमर है
पर कठिन तपस्या करे पिता।

www.ingramcontent.com/pod-product-compliance
Lightning Source LLC
LaVergne TN
LVHW050823051026
849532LV00008B/3088
* 9 7 8 9 3 7 1 5 6 6 9 3 3 *